POOLS

Michael Breckwoldt FOTOS Hilde Verbeke

POOLS

Michael Breckwoldt FOTOS **Hilde Verbeke**

FASZINATION WASSER

INHALT

6

VORWORT

Das Interesse an Swimmingpools ist ungebrochen – seit vielen Jahren schon. Selbst die Wirtschaftskrise hat die exklusive Klientel nicht davon abhalten können, sich diesen Wunsch zu erfüllen. Ohne Frage ist der eigene Pool Teil einer Luxuskultur. Doch wird diese in den letzten Jahren nicht mehr so sehr öffentlich zur Schau gestellt, sondern eher im Stillen genossen. An die Stelle reinen Statussymbol-Denkens ist die Freude an einer privaten Wellnessoase getreten, die ein Stück zusätzliche Lebensqualität bedeutet.

Die meisten Pools entstehen in Verbindung mit architektonisch anspruchsvollen Villen. Sie sind somit Teil eines häufig formvollendeten Entwurfs und Ausdruck eines konsequenten, planerischen Gestaltungswillens, der Haus und Pool zu einer Einheit verschmelzt.

Das war einmal anders. In den 20er-Jahren des letzten Jahrhunderts baute man in Hollywood die ersten privaten Swimmingpools. Legendär war der Neptun Pool, 32 Meter lang und 28 Meter breit, des Zeitungsmagnaten William Randolph Hearst, dessen Bau sich mehr als zehn Jahre lang hinzog. Ihn schmückten griechische Statuen, Kolonnaden und der Nachbau eines antiken Portikus. Sinn und Zweck solch monumental-architektonischer Kulissen „war es, den Garten zu verschönern und die Partys zu beleben", schreibt der niederländische Architekturkritiker Thomas van Leeuwen. Trotz so illustrer Gäste wie Charlie Chaplin, Gary Grant und Joan Crawford verwahrte sich der Medienunternehmer streng gegen Hochprozentiges auf seinen Poolpartys. Dafür kredenzte er bevorzugt Milchshakes – vielleicht eine Vorwegnahme des Wellnessgedankens.

Von den 50er Jahren an wurde der Pool vor allem in den Gärten der weißen nordamerikanischen Mittelschicht zu einer verbreiteten Einrichtung. In Europa fand diese Popularisierung erst rund 20 Jahre später statt. Doch auch die Zeiten, in denen man vielfach die überschaubar großen Kellerräume von Reihenhäusern in Schwimmbecken verwandelte, sind vorbei. Diese Minipools haben heute gerade noch einen Marktanteil von 10 Prozent. Die Masse machen mittlerweile luxuriöse Privatbäder aus, die etwa zehnmal so viel kosten.

Die folgenden Seiten bieten einen exzellenten Querschnitt aktueller Pools. Eine Reihe verschiedener Anlagen zeigt, was ohne Schnörkel und Protzerei technisch möglich und optisch erstrebenswert ist. Die Motive für ein Schwimmbad sind so unterschiedlich wie die Bauherren. Allerdings eint alle die Liebe zum Wasser. Es spielt daher keine Rolle, wo die Anlagen realisiert wurden. Das Geschäftsfeld der Poolbauer reicht ohnehin über die Grenzen des eigenen Landes hinaus und erstreckt sich auch auf die Ferienregionen rund ums Mittelmeer und auf den Balearen. Die verschiedenen Anlagen in diesem Buch können also so oder ähnlich an jedem Ort Europas gebaut werden. Das setzt eine sorgfältige Planung voraus, die genau auf die Gegebenheiten eingeht. Im Anhang sind daher einige hilfreiche Adressen aufgeführt.

In diesem Buch finden Sie Pools, die harmonisch in einen wunderschönen Garten eingebettet sind, andere sorgen für eine perfekte Symbiose zwischen Gebäude und Außenraum. Es sind Naturpools darunter, die sich nach dem Prinzip der Ökologie selbst reinigen und dabei höchsten ästhetischen Ansprüchen gerecht werden. Andere verbreiten einen Hauch von Exotik, strahlen buddhistische Ruhe aus wie ein Badetempel oder beeindrucken mit ausgeklügelter Mechanik, z. B. einer sich in den Pool hineinsenkenden Terrasse. Diese Vielfalt, die sich überall in Deutschland verwirklichen lässt, ist überraschend. Sie bekennt sich zu einer schönen neuen Badewelt, die ein Fest ist für die Sinne.

WIE VOM ERDBODEN VERSCHLUCKT

LAGE Antwerpen KOSTEN mehr als 100.000 € AUSFÜHRENDE FIRMA Rotrix Zwembaden BVBA

GARTENANLAGE Das belgische Gartenbauunternehmen „Signatur Tuinen" aus Antwerpen hat eine klassische, repräsentative Anlage passend zur schlossartigen Villa entworfen. Vor dem Gebäude liegen kleine, parterreartige Schmuckbeete, in denen niedrige Buchshecken die ornamentalen Formen bilden. Ein Gerüst aus geschnittenen Hecken und säulenartigen Gehölzen durchzieht die Anlage. Dazwischen erstrecken sich Rasenflächen und breite, teils mit Kies belegte Wege. In Nischen prangen Skulpturen oder plätschern kleine Brunnen.

Der Pool liegt inmitten dieses großen, parkähnlichen Geländes, von dem er zugleich durch hohe, in Form geschnittene Eibenhecken getrennt ist. So entsteht ein in sich geschlossener, ruhiger Raum, der eine mediterrane, entspannte Atmosphäre ausstrahlt. Unterstrichen wird dies vor allem durch acht imposante Olivenbäume in Holzkübeln. Symmetrie, die jedoch nicht streng gehandhabt wird, ist eines der wesentlichen Stilmittel.

SWIMMINGPOOL Der Pool misst 12 Meter mal 6 Meter. Der Boden ist beweglich, daher kann die Tiefe von maximal 2,10 Meter in Schritten von 30 Zentimetern variabel reguliert werden.

Drei Olivenbäume in Kübeln flankieren eine Schmalseite des Pools. Gegenüber steht ein Badehaus mit je einem Olivenbaum zur Seite. Vorspringende Heckenelemente, säulenförmige Gehölze und Tore sind optisch identisch und wiederholen sich. Reizvoll ist eine Laube, die aus sechs schirmförmig geschnittenen Platanen gebildet wird. Unter ihr findet ein Tisch für zwölf Personen locker Platz. Schwarze Liegen und schwarze Sonnenschirme sorgen für eine extravagante Note. Der gesamte Belag um den Pool herum besteht aus Belgischem Blaustein.

AUSFÜHRUNG Das Becken ist vor Ort aus Beton gegossen und anschließend mit einem speziellen Kunststoffanstrich versehen worden. Das Umwälzen des Wassers übernehmen Überlaufrinnen und Pumpen, die es zu großen Aktivfiltern leiten. Der pH-Wert wird automatisch reguliert. Für die Desinfektion des Wassers sorgt in diesem Fall einmal nicht Chlor, sondern Aktivsauerstoff und der zusätzliche Einsatz von UV-Lampen.

BESONDERHEITEN Der Pool ist mit einem beweglichen Boden der niederländischen Firma Inducon ausgestattet. Wenn dieser sich hebt, wird das Wasser wie von Zauberhand aus dem Becken gedrückt. Es verschwindet in der darunterliegenden Bodenwanne. Schließlich erscheint an der Stelle des Pools eine solide Terrasse. Die vergrößerte Fläche ist perfekt für Gesellschaften und Gartenpartys. Der angehobene, trockengelegte Poolgrund wird dann zur Tanzfläche, unter der es unheimlich gluckert.

Den Hebemechanismus bewerkstelligen Hubarme aus Edelstahl, die scherenförmig auseinanderklappen oder sich zusammenziehen, je nach Bewegungsrichtung. Der Bassinboden lässt sich auf jeder Höhe anhalten. So können etwa auch Kleinkinder gefahrlos in flachem Wasser planschen. Die Treppe wird wie eine Ziehharmonika immer so weit ausgefahren, wie es nötig ist.

Der hochgefahrene Boden dient auch als Abdeckhaube für das Wasser. Er schützt zugleich vor Verschmutzungen. Regenwasser wird von gesonderten Drainageleitungen abgeführt.

PURISTISCH ABTAUCHEN

LAGE West-Flandern KOSTEN keine Angabe AUSFÜHRENDE FIRMA West-Pool

GARTENANLAGE Die Anlage ist groß wie ein Park. Um sie intimer erscheinen zu lassen, gliedern geschnittene, fast mannshohe Buchenhecken die Fläche. So entstehen grüne Korridore und eine Reihe von kleineren Räumen. In einem befindet sich der Swimmingpool. Er schmiegt sich in eine Nische, umgeben von Buchenhecken und beschirmt von einer hohen Wand, die aus langen Holzbohlen aufgeschichtet wurde. Es ist überraschend, in der Tiefe des Gartens noch auf diese schlichte Poolanlage zu stoßen. Hier ist man unbeobachtet und so kann man seine Bahnen im Becken ganz gemächlich ziehen.

SWIMMINGPOOL Der Pool misst 12 Meter mal 5 Meter bei einer Tiefe von 1,50 Meter. Er ist ganz schlicht gehalten. Es wurden nur zwei Materialien verwendet: Holz und Beton. Auch die breite Krempe, die ihn umgibt, ist eine aus Beton gefertigte Fläche, die sich optisch in die Rasenfläche drückt. Die puristische Ausführung unterstreicht die Ruhe, die einen hier erwartet. Der Pool in diesem Garten ist ein Ort, an dem man entspannen und seine Gedanken schweifen lassen kann.

AUSFÜHRUNG Das Becken und auch die Treppe im Wasser bestehen aus wasserfestem Beton. Die Oberfläche wurde nicht weiter beschichtet, sie ist nur poliert worden. Auch der Rand, es handelt sich hier wiederum um einen Rinnenpool, ist aus Betonplatten gefertigt. In den Schlitzen befinden sich die Rinnensteine, die das Wasser aufnehmen, um es umzuwälzen und zu reinigen.

BESONDERHEITEN Eine Wand aus langen Holzbohlen, in deren Nische sich der Pool schmiegt. Hinter ihr ist die Technik wie Pumpen, Filteranlage und der Überlaufsammelbehälter für den Pool verborgen.

LAUSCHIGES WALDBAD

LAGE West-Flandern KOSTEN keine Angabe AUSFÜHRENDE FIRMA West-Pool

GARTENANLAGE Wollte man Astrid Lindgrens Kinderbuch-Klassiker „Wir Kinder aus Bullerbü" ins 21. Jahrhundert übertragen, wäre dieser Schauplatz in einem belgischen Dorf sehr zu empfehlen. Der ehemalige Bauernhof ist von einer Familie aus der Stadt bewohnt, die ihn mittlerweile restauriert hat. Den benachbarten Höfen widerfuhr ein ähnliches Schicksal, doch die Idylle für die hier lebenden Kinder und ihre Möglichkeit, Abenteuer zu erleben, sind nach wie vor unbegrenzt. Dazu lädt schon der an den Garten grenzende Wald ein. Er ist zwar licht, doch voller Verstecke, denn das Unterholz ist reich an Sträuchern und aus einigen erhebt sich sogar eine Kindertrutzburg auf Pfählen. Kaum verlässt man den Wald, sieht man schon das Wasser im Pool glitzern, der sich dort wie auf einer Lichtung ausbreitet. Er lädt nicht nur zum Planschen ein, sondern natürlich auch zu Wasserschlachten.

Die Erwachsenen-Perspektive sieht ganz anders aus: Sie erblickt das verlockend blaue Wasser vom Haus aus und sie genießt die idyllische Waldkulisse dahinter. An heißen Tagen wird das Gartenleben direkt an die Ufer des Pools verlegt. Dafür bietet ein großzügiges Badehaus samt Terrasse viel Platz. In einer Nische, die von einer Mauer gefasst wird, stehen Liegestühle und Sonnenschirm für entspannte Stunden bereit. Konturen erhält der Garten durch geschnittene Buchsbäume und Eiben, die teils als Hecke, teils als Solitärsträucher gepflanzt wurden. Zum Wald hin macht auch ein imposantes Mammutblatt (*Gunnera manicata*) auf sich aufmerksam. Die mehr als mannshohe Staude bietet formidable Verstecke für Groß und Klein.

SWIMMINGPOOL Der Pool hat eine Größe von 14 mal 6 Meter und eine Tiefe von 1,50 Meter. Er liegt umgeben von Bäumen im hinteren Teil des Gartens. Es ist um ihn herum noch ein eigener Bereich entstanden mit Badehaus, Dusche und einer weiteren Terrasse mit Bohlen aus einem tropischen Hartholz. Die unmittelbare Poolkante hingegen ist mit Belgischem Blaustein eingefasst.

AUSFÜHRUNG Die Wände des Pools bestehen aus wasserbeständigem Beton. Sie sind mit einer 1,5 Millimeter starken hellgrauen Folie beschichtet. Es handelt sich um einen Pool mit Überlaufrinne. Die Kante aus Belgischem Blaustein ist in das Becken hineingezogen, nur unterbrochen von einem schmalen Spalt, unter dem die Rinnensteine liegen. Hieraus wird das Wasser permanent umgepumpt und dabei gereinigt.

BESONDERHEITEN Ein geräumiges Badehaus aus Holz schmückt den hinteren Teil des Gartens. Sein Dach ist wie das Hofgebäude ebenfalls mit Ziegeln eingedeckt.

SCHWIMMEN MIT AUSSICHT

LAGE nahe Antwerpen   KOSTEN keine Angabe   AUSFÜHRENDE FIRMA Azurpools

GARTENANLAGE Die kubisch gebaute Villa liegt erhöht auf einem Hügel. Von dort hat man einen fantastischen Ausblick in die Landschaft. Der weitläufige, etwa 2500 Quadratmeter große Garten hat einige Meter Gefälle. Diesen Höhenunterschied galt es für den Gartenarchitekten Nicolas Janssens gestalterisch in den Griff zu bekommen. Er wählte eine einfache, der Umgebung entsprechende Lösung: So folgt die Rasenfläche einfach dem Verlauf des Geländes den Hügel hinab bis zur Grundstücksgrenze. Seitlich wird der Rasen überwiegend von einer hüfthohen Eibenhecke begrenzt, die leider teils schon etwas lückenhaft ist. Einige Bäume schließen das Grundstück ab. Allerdings ist eine Sichtachse in die Landschaft hinein frei gelassen: eine simple, aber sehr effektvolle Lösung, um das Panorama der wunderschönen Gegend genießen zu können.

Für die Anlage des Pools war hingegen mehr Raffinesse gefordert. Die Ausdehnung des Hügels gab ihm seine maximal mögliche Größe vor. Anderenfalls hätte eine große Betonwanne aus dem Rasen herausgeragt. So aber ist der Pool in den Hügel integriert. Auf der einen Seite begrenzt ihn die Rasenfläche und auf der anderen Seite schließt sich eine große Terrasse an, die als Sonnendeck genutzt wird. Den Niveauunterschied fängt nun eine Betonmauer ab, die den Pool an der Stirnseite begrenzt. Sie wirkt wie eine Staustufe und das ist der Clou: denn unmittelbar darunter setzt ein breites, natürlich bewachsenes Wasserbecken an, das in einen Teich mündet. Dieser Einfall lässt den Pool als einen Wasserlauf innerhalb der Landschaft erscheinen.

SWIMMINGPOOL Der Pool misst 11,5 mal 4,5 Meter. Seinen Rand bekleiden gebrannte, graue Fliesen. Er ist in die große Terrasse integriert, die sich unmittelbar an das Haus anschließt. Die Betonmauer, die ihn wie eine Staustufe begrenzt, ist niedriger als der Beckenrand, sodass sich beim Schwimmen der Blick in die Landschaft öffnet. Unterhalb des Pools kann man den Wasserlauf auf einem Holzsteg trockenen Fußes überqueren.

AUSFÜHRUNG Der Pool wurde aus Beton gegossen und anschließend mit feinen Mosaikfliesen der Firma Emaux De Brian aus Frankreich verkleidet. Ihr feines Grau erscheint mit zunehmender Wassertiefe immer blauer. Die Umwälzung des Wassers übernehmen Skimmer. Doppelte Quarzsandfilter und UV-Leuchten sorgen für die Reinheit des Pools. Chlorgehalt und pH-Wert werden automatisch reguliert. Zur Erwärmung des Wassers tragen teils Solarzellen bei. Darüber hinaus wird die Wärme aus der Heizungsanlage des Gebäudes gespeist.

BESONDERHEITEN Eine speziell angefertigte Poolabdeckung, die ebenfalls mit einer Schicht feiner Mosaikfliesen versehen ist.

WELLNESS RUNDUM

LAGE West-Flandern KOSTEN keine Angabe AUSFÜHRENDE FIRMA West-Pool

GARTENANLAGE Die Außenanlage, die Teil eines Wellness-Centers ist, wurde zu einem knapp 200 Quadratmeter großen Atrium gestaltet. Eine Mauer aus Gabionen begrenzt es zur Straße. Diese stabilen Gitterkörbe, die aufeinander geschichtet und miteinander verbunden wurden, sind in diesem Fall mit großen Flusskieseln gefüllt. Die Natursteine speichern im Sommer die Wärme. Vor der Struktur der Mauer kommen die braunen Liegen gut zur Geltung. An einer Längsseite steht eine Holzwand und zwei durchgehend verglaste Gebäude schließen den Innenhof perfekt ab. Hinter den Glasfronten verbergen sich weitere Wellness-Anwendungen wie ein Whirlpool, ein Dampfbad, Massageräume und ein zweiter, jedoch kleinerer Pool.

SWIMMINGPOOL Der Pool misst 12 Meter mal 4 Meter, bei einer Tiefe von 1,50 Meter. Die Wassertemperatur beträgt angenehme 30 °C. Er liegt geschützt im Innenhof. An einer Längsseite stehen Liegen bereit, auf denen sich die Besucher des Centers ausruhen können.

AUSFÜHRUNG Die Wände des Bassins bestehen aus wasserfestem Beton, auf den feine, graue Mosaikfliesen aufgebracht worden sind. Das Becken wird über Skimmer gereinigt. Die sogenannte Oberflächenabsaugung befördert das Wasser mittels einer Umwälzpumpe zur Filteranlage. Die Regulierung des pH-Wertes und des Chlorgehalts erfolgt automatisch.

BESONDERHEITEN Eine automatische Poolabdeckung und Lampen, die vor der Wand aus Gabionen hübsche Akzente setzen.

HEITERES INNENLEBEN

LAGE West-Flandern KOSTEN keine Angabe AUSFÜHRENDE FIRMA West-Pool

52

GARTENANLAGE Das Grundstück wird von einem Laubwald begrenzt. Hochgewachsene Buchen strahlen Erhabenheit und Ruhe aus. Der Übergang zwischen Garten und Gehölz ist fließend gestaltet. Große Rhododendronbüsche verwischen die Grenze, weil sie auch noch zwischen einigen Bäumen wachsen. Geschickt erweitert dieses Stilmittel das Grundstück in das Wäldchen hinein.

Die Wohngebäude sind dieser imposanten Kulisse gegenüber hufeisenförmig angeordnet. Das Ganze erscheint wie ein Atrium, das zu einer Seite hin offen ist. Der Swimmingpool befindet sich im Zentrum – nimmt im Familienleben auch eine zentrale Rolle ein. Eine breite Terrasse, die viel Platz lässt für Liegestühle und andere Gartenmöbel, fasst den Pool ein. Hier spielt sich im Sommer das Leben ab. Die weiße Hausfassade, deren Seitenflügel in Teilen holzverkleidet sind, und die hellgrauen Granitplatten machen den Ort licht und heiter. Dazu verbreiten Kübelpflanzen wie Lavendel, Schmucklilien, Bambus und eine Dattelpalme in schlichten, grauen Töpfen eine mediterrane Atmosphäre. Zum Rasen hin ist die Terrasse durch niedrige Hecken aus immergrünen Sträuchern abgrenzt.

SWIMMINGPOOL Der Pool mit seinen 14 Metern mal 6 Metern und einer Tiefe von 1,50 Metern wird von der Familie sehr geliebt. Es ist genug Raum vorhanden, damit sich das Leben im Sommer um ihn herum entfalten kann, ohne dass man sich im Weg steht.

AUSFÜHRUNG Die Wände des Bassins bestehen aus wasserfestem Beton. Sie wurden dann mit hellgrauen Mosaikfliesen verkleidet. Die Vorteile eines Rinnenpools sind hier gut sichtbar. Der hochgezogene Wasserspiegel schwappt scheinbar auf die Terrasse und macht beides so zu einer Einheit. In Wahrheit befindet sich in der Fuge nach den ersten Granitplatten, die vom Wasser dunkel gefärbt sind, die Rinnensteine, die das Wasser aufnehmen und in den Überlaufsammelbehälter befördern. Von dort wird es weiter umgewälzt, gereinigt und auf die richtigen chemischen Parameter eingestellt.

BESONDERHEITEN Außendusche und Poolabdeckung

DIE NORDSEE VOR DER TÜR

LAGE nahe der belgischen Küste KOSTEN keine Angabe AUSFÜHRENDE FIRMA Azurpools

GARTENANLAGE Mittelpunkt des etwa 300 Quadratmeter großen Gartens ist der Pool. Das kleine Grundstück bietet auch nicht viel mehr Raum für noch weitere Beet- oder Rasenflächen. Die Gestaltung ist daher sehr konsequent. Sie orientiert sich ganz an dem modernen Hausanbau mit Flachdach und den großen Fensterfronten. Für Beckenrand und Steinbelag ist das gleiche Material verwendet worden wie für die Verblendung der Seitenansicht des Daches. Es handelt sich um „Massangis Roche Jaune", einen Kalkstein aus Frankreich, der für Bodenbeläge und Fassadenverkleidungen geeignet ist.

An der Grundstücksgrenze bietet eine sattgrüne Hecke aus Leyland-Zypressen (*Cupressocyparis leylandii*) Sichtschutz. Sie wird jedes Jahr auf etwa zwei Meter Höhe gekappt. Davor verdeckt ein schmaler Streifen mit Atlas-Schwingel (*Festuca mairei*) den unteren Teil der Hecke. Die Gräser passen gut zur modernen Architektur der gesamten Anlage. Sie unterstützen die klare, durchdachte Gestaltung des Gebäudes und dessen Leichtigkeit. Sie umspielen die kantigen, grafischen Formen und machen diese weicher und lebensfreundlicher. Zudem bringen die Gräser einen naturhaften Aspekt in die Gestaltung ein. Sie wecken Eindrücke an das Meer und an Dünenlandschaften. Der helle Stein tut ein Übriges: Er erinnert an eine Sandfläche in gleißender Sonne. Diese reduzierte, emotionale Gestaltung stammt aus dem belgischen Gartenarchitekturbüro Swinnen-Fillaud.

64

SWIMMINGPOOL Der Pool hat mit seinen 6,7 mal 2,2 Metern eine überschaubare Größe. Er streckt sich unmittelbar vor der Fensterfront hin, getrennt nur durch einen etwa Meter breiten Weg. Auf der anderen Seite erhebt sich ein Band mit Atlas-Schwingel. Der sandfarbene Kalkstein, der die Poolwände außen verkleidet und sich auch auf den Wegen und auf der Terrasse wiederfindet, weckt Urlaubsgefühle. Eine Gegenstromanlage macht ausdauerndes Schwimmen möglich.

AUSFÜHRUNG Das Becken besteht aus wasserundurchlässigem Beton. Die Krone ringsum bilden Blöcke aus dem französischen Kalkstein „Massangis Roche Jaune". Die Innenseite ist mit Mosaikfliesen der Firma Emaux de Briare verkleidet. Es handelt sich um einen Skimmerpool, bei dem das Wasser oberflächlich abgesaugt und in einem Filter durch verschiedene Quarzsandschichten gereinigt wird. Neben der chemischen Desinfektion des Wassers sorgt auch ein UV-Strahler für Keimfreiheit. Ein Warmwasser-Wärmetauscher sorgt für die Erwärmung des Pools.

BESONDERHEITEN Als Besonderheiten sind die Dusche außerhalb des Pools und die oben erwähnte Aqua-Jet-Gegenstromanlage zu sehen.

IM REICH DES FROSCHKÖNIGS

LAGE Muizen, Flämisch-Brabant KOSTEN ca. 35.000 € AUSFÜHRENDE FIRMA Tuinteam BVBA

GARTENANLAGE Das langgestreckte Grundstück ist wie ein kleiner Landschaftspark angelegt. Die Rasenfläche ist von einem Gehölzgürtel samt pflegeleichten Staudenpflanzungen umschlossen. Vereinzelt gliedern Bauminseln die weitläufige Fläche. Nur am Haus finden sich zu beiden Seiten der Terrasse Blumenbeete, die von Buchsbaumhecken begrenzt werden. Der Terrassenboden aus tropischen Harthölzern schließt sich übergangslos an das Holzdeck am und um das Schwimmbad herum an. Hier ist eine ästhetisch ansprechende Verbindung entstanden, die Terrasse und Pool als eine Einheit erscheinen lässt.

SWIMMINGPOOL Der Pool misst 12 mal 4 Meter und er ist 1,60 Meter tief. Es handelt sich um einen Schwimmteich, der ohne Chlor auskommt. Die Klärung des Wassers erfolgt auf natürliche Weise. Das minimiert die Wartung gegenüber herkömmlichen Pools.

Neben dem Bereich, in dem geschwommen wird, befindet sich im hinteren Teil des Pools eine Zone mit Pflanzen, die das Wasser klären. Eine Betonmauer unterhalb der Wasseroberfläche trennt die beiden Bereiche voneinander. Sie verhindert, dass Erde in den Schwimmbereich gespült wird. Kaschiert wird diese Mauer geschickt durch Trittquader aus weißem Granit, auf denen man den Pool überqueren kann.

Natursteinplatten aus Belgischem Blaustein geben dem Beckenrand einen hübschen Abschluss, unter dem das Betonkorsett gänzlich verschwindet. Der anthrazitfarbene, blau schimmernde Kalkstein erwärmt sich schnell. Das Deck aus tropischem Hartholz, das den Pool wie ein breiter Kragen umgibt, bietet ausreichend Platz für eine zusätzliche Möblierung. Vom Haus aus gesehen erscheint der Pool wie ein schimmerndes Schmuckstück, das in die flauschige Rasendecke des Gartens eingebettet ist.

AUSFÜHRUNG Die Wände des Bassins bilden vorgefertigte Hohlkörper aus Beton. Diese werden so aufeinandergeschichtet und ausgerichtet, dass sie die Gestalt des Beckens formen. Abschließend werden sie mit Beton ausgefüllt und auf diese Weise stabilisiert. Auch der Boden wurde aus Beton gegossen. Eine Teichfolie dichtet diese Betonschale ab. Sie besteht aus einer speziellen Kautschuk-Mischung, die selbst bei niedrigen Temperaturen noch außergewöhnlich flexibel bleibt. Dieses Folienmaterial, das sich schon seit über 40 Jahren im Schwimmteichbau bewährt hat, heißt Ethylen-Propylen-Dien-Monomer (EPDM). Es ist bis zu 300 % dehnbar und außergewöhnlich stabil gegen UV-Strahlen.

BESONDERHEITEN Die Klärung des Wassers wird auf zweierlei Art bewerkstelligt. Zum einen filtern die Wurzeln sogenannter Repositionspflanzen das Wasser. Der Begriff stammt von dem lateinischen Wort „reponere" ab. Es bedeutet wiederherstellen. Diese Pflanzen, zu denen viele heimische Teichpflanzen wie Hechtkraut, Igelkolben, Kalmus und Sumpfiris gehören, entziehen dem Wasser Nährstoffe. Sie können so zum Beispiel eine Algenblüte verhindern. Zudem sind sie in der Lage, schädliche Verbindungen aufzulösen, indem sie hilfreichen Bakterien optimale Lebensbedingungen bieten.

Darüber hinaus wird das Wasser mechanisch mit Hilfe einer umfangreichen Filteranlage geklärt. Pumpen wälzen das Wasser um und pressen es durch Filtermatten, die so die Schwebstoffe herausfischen. UV-Lampen zerstören darüber hinaus Algen und mögliche Krankheitserreger. Das Wasser wird zwar nie so klar sein wie in einem reinen Swimmingpool, doch dafür verzichtet man auf die Zugabe von Chemikalien.

KARIBIK GANZ NAH

LAGE Sint-Niklaas, Belgien KOSTEN 50.000 € zzgl. Eigenleistung AUSFÜHRENDE FIRMA Cota Zwembaden

76 **GARTENANLAGE** Der Garten ist zu einer exotischen Lounge geworden. Er ist ausgebaut und eingerichtet wie ein Zimmer. Sein Design lässt vergessen, dass es sich um eine Außenanlage handelt, die immerhin rund 100 Quadratmeter groß ist. Die Idee stammt in diesem Fall von keinem Gartenarchitekten, sondern von einem Bäckermeister. Er hat alles eigenhändig gebaut und sich nur fachlichen Beistand für die technischen Details von Pool und Teich geholt.

Im Untergrund bilden Steine ein festes Fundament. Auf Trägerbalken wurde dann der Fußboden aus einem tropischen Hartholz geschraubt. Für Wasserbecken und Pflanzbeete blieben passgenaue Aussparungen. Die Möbel und der Außenkamin sorgen für eine sehr wohnliche Atmosphäre. Die Nachbargrundstücke werden durch Holzwände abgeschirmt. Eine Reihe aus wüchsigem Gelbem Bambus (*Phyllostachys aurea*) lockert diesen Sichtschutz auf und erweitert ihn noch um mehr als zwei Meter in die Höhe. Die Blätter rascheln angenehm, wenn ein Windhauch hindurchfährt. Aus Bambushalmen bestehen auch die Matten, die als Schattierung über den beiden Sitzplätzen hängen. Zur Exotik tragen noch der Baumfarn (*Cycas revoluta*) am Pool sowie eine mannshohe Palme bei. Aus dem Pflanzkübel schaut nur der grüne Schopf einiger Buchsbäume heraus. Eines der beiden Wasserbecken, es misst 2,5 mal 2,5 Meter, beherbergt Fische und Pflanzen. In dem anderen befindet sich der kleine Swimmingpool.

SWIMMINGPOOL Der Pool besteht aus einer Edelstahlwanne mit den Maßen 5 mal 2,5 mal 1,5 Meter, die in das Holzpodest eingepasst ist. Eine kleine Treppe führt ins Wasser, in dem man sich abkühlen und entspannen kann. Doch auch ausdauerndes Schwimmen ist möglich. Dafür sorgt ein Jetstream.

AUSFÜHRUNG Die automatische Filteranlage ist unter dem Pool installiert. Das Becken ist von Rinnen umgeben, die in einen Überlaufsammelbehälter münden. So ist Sorge getragen, dass der Wasserspiegel beim Baden nicht steigt und Wasser über den Beckenrand auf die Holzterrasse schwappt. Der Pool besitzt eine Unterwasserbeleuchtung.

BESONDERHEITEN Eine Solar-Poolabdeckung hält das Wasser sauber, stoppt die Verdunstung und ist sogar in der Lage, den Pool zu erwärmen. Die Spezialfolie ist wie eine Noppenfolie mit einer Vielzahl kleiner Luftkammern versehen. Scheint die Sonne auf die Folie, erhitzt sich die Luft in den Kammern. Diese Wärme wird an das Wasser abgegeben. Der Energiegewinn kann bis zu 8 °C betragen. Die Folie lässt sich automatisch auf- und abrollen.

BELEBTE SKULPTUR

LAGE nahe Gent KOSTEN keine Angabe AUSFÜHRENDER ARCHITEKT Poolhouse

GARTENANLAGE Der etwa 800 Quadratmeter große Garten entstand, nachdem das ursprüngliche Stadthaus einen modernen Anbau durch das belgische Architekturbüro „BURO II & ARCHI+I" erhielt. Diese einfache Form des flachen Gebäuderiegels gab die stilistische Linie für die Anlage von Pool und Garten vor. Vier Streifen in zwei Farbtönen erstrecken sich vor der durchgehenden Fensterfront. Zuerst der Swimmingpool samt Terrasse in Grau, wobei das Becken dunkel anthrazitfarben leuchtet. Daneben verlaufen zwei Rasenflächen, die von einem grauen Splittweg getrennt werden. Es ist ein reduzierter Entwurf, der sich dem Gebäude konsequent unterordnet, wie bei einem Museumsbau. Die Außenanlage ist also nicht mehr als eine pflegeleichte, doch exakt komponierte Kulisse für das Leben, das sich vor allem am Pool abspielt. Denn Farben und Formen sind genau auf das gesamte Ensemble abgepasst, sodass alles zusammen als eine Art räumliches Kunstwerk erscheint.

Eine noch junge Eibenhecke begrenzt die äußerste Gartengrenze. Sie wird, wenn sie größer ist, kastenförmig wie eine Wand geschnitten. Die anderen Grundstücksgrenzen werden durch Gebäudeteile und eine Granitmauer geschlossen. Zwei Karrees aus grauem Splitt mit je vier niedrigen Buchsbaumhecken sind wie Zitate barocker Parterres vor dem Flachbau positioniert.

SWIMMINGPOOL Der Pool mit seinen 10 mal 5 Metern und einer Tiefe von 1,50 Meter ist ein Stückchen länger als das Poolhaus an seiner Seite. Mit ihm steht er in enger Beziehung, weil dort Dusche und eine Umkleidekabine untergebracht sind. Darüber verbirgt sich in diesem schönen, schlichten Bau ein Wellnesstempel mit Sauna und Platz für ein Hamam.

Der Pool liegt geschützt zwischen den Gebäuden. Durch die Verwendung des gleichen Materials verbindet er sich optisch perfekt mit der ihn umgebenden Terrasse aus Granitplatten.

AUSFÜHRUNG Die Wände bestehen aus wasserfestem Beton, der anschließend mit ebensolchen Granitplatten gefliest wurde wie die Terrasse. Das Wasser wird über einen Skimmer abgesaugt und mittels Umwälzpumpe der Filteranlage zugeführt. Die gesamte Technik ist im Poolhaus untergebracht. Noch wird das Beckenwasser über die Ölheizung des Hauses erwärmt. Zukünftig sollen das jedoch Solarmodule bewerkstelligen.

BESONDERHEITEN Eine Solarabdeckung verbirgt sich hinter dem Pool im Terrassenboden. Sie wird automatisch ausgefahren, schützt den Pool dann vor Verschmutzung und leitet die Sonnenenergie an das Wasser weiter.

EIN WOHNZIMMER IN POOL-POSITION

LAGE Knokke-Heist, West-Flandern KOSTEN ca. 80.000 € AUSFÜHRENDE FIRMA Climaworld BVBA

92

GARTENANLAGE Der etwa 700 Quadratmeter große Garten wurde vom Eigentümer selbst angelegt. Das Design folgt der belgischen Gartentradition, klare Strukturen zu schaffen und diese durch Formgehölze zu betonen. Berühmt geworden ist etwa die lange Hecke aus großen Buchsbäumen, die den Weg zum Haus des belgischen Gartenarchitekten Jacques Wirtz ziert. Er hatte sich für unregelmäßig runde Formen entschieden, sodass die gesamte Hecke wie eine grüne Wolkenfront erscheint. Im Kleinen findet man ähnliche, organisch geformte Muster auch in diesem Garten wieder, etwa auf einem großen Beet. Anstelle von Blumen und Stauden, die üblicherweise auf solchen Beeten wachsen, wurden dort nur Buchsbäume gepflanzt. Sie stehen so dicht beieinander, dass keine Zwischenräume mehr sichtbar sind. So bilden sie eine flache, unterschiedlich gewölbte, grüne Skulptur.

In der großen Rasenfläche, die den Garten zentral ausfüllt, stechen zwei runde Formen heraus. Das eine ist ein Golfgreen mit Loch und Fähnchen. Das andere ist ein Teich, um den herum, im Kontrast zum kurz geschorenen Green, das Gras relativ lang gelassen wird.

SWIMMINGPOOL Bei dem Pool handelt es sich um einen sogenannten „Aquatrainer" in den Maßen 6 mal 2,36 Meter und einer Tiefe von 1,23 Meter. Das Produkt kommt aus Kanada von der Firma Hydropool. Es wird in Europa über verschiedene Lizenznehmer vertrieben.

Buchskugeln und ein Band graublättrigen Lavendels trennen die Poolanlage vom übrigen Garten. Im Juli entsteht ein schöner Gleichklang zwischen den blauen Lavendelblüten, dem Türkis des Wassers und den ebenfalls türkisblauen Kissen auf den Möbeln. Die Grundstücksgrenze beschirmen geschnittene Hecken aus Eiben und Blutbuchen. Der Pool grenzt fast unmittelbar ans Haus und ist von diesem nur durch eine hohe Eibenhecke geschieden. Ein Durchgang sorgt für einen ungehinderten Zutritt.

AUSFÜHRUNG Im Grunde handelt es sich hierbei um einen großen, mit allen Finessen ausgestatteten Whirlpool. In der besonders wärmeisolierten und durch Fiberglas verstärkten Acrylwanne kann man dank einer regelbaren Gegenstromanlage mit drei starken Düsen nach Lust und Laune schwimmen – auch wenn man sich dabei nicht vom Fleck bewegen sollte. Die Wassertemperatur ist über ein beleuchtetes LCD-Bedienfeld regelbar, ebenso wie alle anderen Funktionen des Bades. Etwa die zwei Massagesitze, deren Düsen durch Luftzufuhr regulierbar sind, sowie das Filtersystem. Pumpen wälzen das Wasser in bestimmten Zyklen um. Bei der Gelegenheit wird zugleich die Qualität des Wassers durch Zugabe von Chlor geregelt. Die Welt unter Wasser beleuchten zwei 12-V-LED-Scheinwerfer.

BESONDERHEITEN Sitzdeck mit Wohnzimmerflair. Es kann den Pool wie der Deckel einer Thermoskanne abschließen und so größeren Wärmeverlusten entgegenwirken. Darüber hinaus schützt es vor Verschmutzung, verhindert das Überlaufen bei Regengüssen und auch, dass Kinder ins Wasser fallen können, wenn der Pool nicht genutzt wird. Das Deck wird zu einem Wohnzimmer im Freien und kann durchaus die Terrasse ersetzen. Es ist aus Epoxidharzen für den Pool maßgefertigt und lässt sich automatisch bewegen. Die Stromversorgung ist netzunabhängig. Sie erfolgt durch Akkus, die durch Sonnenkollektoren gespeist werden.

KOSTEN 35.000 Euro für den Pool und nochmals 45.000 Euro für das Deck in Holzoptik, das den Pool gleichzeitig abdeckt und wärmedämmt.

EIN POOL IN TEICHOPTIK

LAGE West-Flandern KOSTEN keine Angabe AUSFÜHRENDE FIRMA West-Pool

98

GARTENANLAGE Die Natur ist allgegenwärtig auf diesem Grundstück, das von einer weiten, flachen Weidelandschaft eingeschlossen ist. Nur einige mächtige Bäume durchbrechen die Linie des Horizonts. Den Mittelpunkt des Anwesens bildet ein luxuriöses Landhaus. Die hintere Front ist zur Landschaft hin geöffnet, während die Terrasse dezent von einigen geschnittenen Buchshecken und aus Buchsbaum geformten Kugeln gerahmt wird. Sie geben angesichts der atemberaubenden Grenzenlosigkeit zumindest ein bisschen das Gefühl von Schutz und Geborgenheit.

Eine Seite des Gartens ist von einem weichen Gehölzsaum bewachsen, der zur hinteren Grundstücksgrenze hin ansteigt und von hohen Bäumen geschlossen wird. Die anderen Grundstücksgrenzen markieren einfache Weidezäune aus Holz. In äußerster Entfernung des Hauses, nicht weit von den Zäunen entfernt, glänzt wie ein nierenförmiger Spiegel die Oberfläche eines Teichs, der eigentlich ein Pool ist. In ihm finden sich Abbilder von Himmel, Haus und kolossalen Bäumen wieder. Der Marsch zum morgendlichen Bad führt also durch eine taunasse Wiese. Er wird mit dem Gefühl belohnt, die Zivilisation mehr oder weniger hinter sich gelassen zu haben und der Natur ganz nah zu sein. Während des Schwimmens wird man dann Zeuge, wie die dunstigen Schleier auf den Weiden langsam von der Morgensonne gelüftet werden.

SWIMMINGPOOL Der Pool ist mehr oder weniger 5 Meter breit und 14 Meter lang. Er hat die ovale Form eines Teichs und fügt sich gut in die Landschaft. Die Kante zum Rasen besteht aus bruchrauen Sandsteinplatten, ebenso wie die kleine Terrasse, die an der Kopfseite des Pools noch Platz für

eine gemütliche Sitzgruppe samt Sonnenschirm bietet. Auch hier spendet ein rahmendes Beet mit Buchsbäumen ein wenig Schutz. Die Polster für die Möbel werden in einer wetterfesten Holztruhe aufbewahrt.

AUSFÜHRUNG Die organisch-ovale Gestalt entstand aus einem wasserfesten Beton, der mit Hilfe einer Spezialschalung verarbeitet wurde. Abschließend wurde der Beton an den Seiten geglättet. Am Grund des Beckens erhielt der Beton noch eine Schicht Belgischen Blausteins. Die Wasseroberfläche ist auf gleichem Niveau mit dem Garten. Das verstärkt den Eindruck eines natürlichen Teichs. Das war nur möglich, weil sich der Bauherr für einen Rinnenpool entschieden hatte. Die Überlaufrinne wird von einer Kante aus Belgischen Blausteinplatten verdeckt, die den inneren Rand des Beckens bilden.

BESONDERHEITEN Am Boden befindet sich eine Sprudelplatte. Ein Gebläse drückt Luft durch die Löcher der Platte und erzeugt so eine ähnliche Massagewirkung wie ein Whirlpool.

ERFRISCHUNG IN GRÜNER OASE

LAGE Damme, nördlich von Brügge KOSTEN ca. 65.000 € AUSFÜHRENDE FIRMA Philippe de Wilde

GARTENANLAGE In Zeiten, in denen die Hektik des Alltags einen kaum noch loslässt, tut es gut, wenn der eigene Garten eine große Ruhezone darstellt – ein Ort, wo aller Stress von einem abfallen kann. Nach diesem Grundsatz gestaltet der belgische Designer Stijn Cornilly Gärten. Auch bei der Anlage seines eigenen Gartens hat er natürlich diese Devise penibel verfolgt.

Den Niveauunterschied auf dem Grundstück von etwa einem Meter überbrückte er durch Holzdecks aus tropischem Padouk-Hartholz. So entstanden unterschiedliche Ebenen, die fünfzehn Meter tief in den Garten hineinreichen. Auf einem Teil der weitläufigen Terrasse ist der Pool eingelassen. Er liegt separat hinter einem Beet mit schön geformten Buchskugeln und einem Gold-Trompetenbaum (*Catalpa bignoides* 'Aurea').

Im unteren Teil des Gartens befindet sich ein reetgedeckter Sitzplatz mit einem rechteckigen Seerosenbecken davor. In einer Ecke davon entfaltet ein Riesen-Mammutblatt (*Gunnera manicata*) seine großen Blattwedel. Geschorene Rasenflächen verbreiten eine ruhige Atmosphäre, ebenso wie eine Reihe unterschiedlich geformter Buchs- und Eibenkugeln, die die Grenze zu den dahinterliegenden Feldern markieren. Diese zu weichen runden Körpern geformten immergrünen Pflanzen sind ein Markenzeichen von Stijn Cornilly. Sie setzen starke Akzente, geben dem Garten klare Strukturen und strahlen zugleich Harmonie aus. Sie hinterlassen sanfte Hügel aus Blattwerk, die für alle anderen Pflanzen eine spannende Kulisse darstellen. Und nicht nur für sie. Die Hausbewohner können sich sommers wie winters an dem Anblick dieser immergrünen Formen erfreuen.

SWIMMINGPOOL Der Pool hat die Maße 8,50 mal 3 Meter. An seiner Stelle bestand zuvor ein kleines Hallenbad. Der Raum wurde geöffnet und zu einer überdachten Veranda umgebaut. Auch der Pool bekam ein neues Gesicht. Er beginnt unter dem Dach der Veranda, die mit edlen Loungemöbeln ausgestattet ist und erstreckt sich hinaus ins Freie. Da er etwas höher als der Rest des Gartens liegt, fühlt es sich an, als würde man in die Landschaft hineinschwimmen.

AUSFÜHRUNG Das Becken wurde aus Beton gegossen und dann im Spritzverfahren mit Polyester beschichtet. So entstand eine harte Oberfläche, die leicht zu reinigen ist. Der Beckenrand wurde mit Hi-Macs verkleidet. Dieser moderne Werkstoff besteht aus Arcyl, Mineralien und Farbpigmenten. Er ist thermisch formbar, wasserfest, sehr robust und daher bestens für den Nassbereich geeignet. Wie die Beschichtung des Beckens ist auch der Rand weiß gefärbt. Tags erscheint das Wasser klar und blau, nachts hingegen schimmert es im Unterwasserlicht magisch grün. Der Pool wird mittels Überlaufrinnen und Pumpe umgewälzt sowie durch Sandfilter gereinigt.

BESONDERHEITEN Die Poolabdeckung ist unter der Treppe verborgen. Sie wird vollautomatisch ausgerollt. Ihre Lamellen bestehen aus einem Kunststoffschaum, der das Becken auch nachts optimal isoliert und so Wärmeverlusten vorbeugt. Auf dem Wasser schwimmen hübsche kleine Lampen.

DIE LEICHTIGKEIT DES SEINS

LAGE West-Flandern   KOSTEN keine Angabe   AUSFÜHRENDE FIRMA West-Pool

116

GARTENANLAGE Der flache Bungalow ist mit einer großen Glasfront ausgestattet – ein Zeichen von viel Transparenz, die ein Gefühl von Leichtigkeit entstehen lässt. Unmittelbar vor den Scheiben erstreckt sich der rechteckige Swimmingpool mit seiner blau schimmernden Wasserfläche. Das gibt der Szene eine fast transzendente Klarheit, ein Leuchten, das von den hohen Bäumen etwas gemildert wird, die das Grundstück begrenzen.

Der Garten ist zweigeteilt. Vom Haus ausgehend fasst eine große Terrasse den Pool ein und bietet Raum für eine Armada blau bespannter Aluliegen. Die angrenzende, tiefer liegende Rasenfläche wird von Sträuchern und Bäumen eingefasst, die gleichzeitig die Grundstücksgrenze markieren.

SWIMMINGPOOL Der 11 Meter mal 5,50 Meter große und 1,50 Meter tiefe Pool bildet den Mittelpunkt der Außenanlage. Er liegt mitten in einer großen Terrasse, deren Boden aus hellen Granitplatten besteht. Der knorrige Olivenbaum, der am Beckenrand in einem großen Holzgefäß wächst, gibt der Leichtigkeit der Architektur eine mediterrane Note, ebenso wie der moderne Sessel aus Hularo, einer wetterfesten Faser in Rattanoptik. In den Aluminiumkästen am Beckenrand befindet sich die Terrassenbeleuchtung.

AUSFÜHRUNG Die Wände des Bassins bestehen aus wasserfestem Beton, der anschließend mit einer hellgrauen Folie versehen wurde. Es handelt sich um einen Rinnenpool, der sich in seiner Eleganz gut an die Sprache der Gebäudearchitektur anpasst.

Vor einigen Jahren wurde der schon bestehende Skimmerpool zu einer Anlage mit Überlaufrinnen umgebaut. Dadurch verschwand die etwa handhohe Innenkante, die das Becken nicht so elegant erscheinen ließ. Jetzt ist das Becken randvoll mit Wasser gefüllt und der Übergang zur Terrasse fällt optisch kaum ins Gewicht. Er ist nur an einer Reihe dunkel gefärbter Granitplatten erkennbar. Unmittelbar im Übergang zur Terrasse befinden sich unterhalb einer etwas breiteren Fuge die Rinnensteine, die das Wasser aufnehmen und zur Umwälzpumpe, den Filtern sowie der automatischen Desinfektionsanlage befördern.

BESONDERHEITEN Eine Poolabdeckung befindet sich unterhalb einer breiten Stufe im Schwimmbecken. Etwas versteckt hinter Büschen oberhalb des Pools liegt ein Jacuzzi, also ein kleiner Whirlpool, in dem Unterwasserdüsen für eine angenehme Massage sorgen.

PANORAMA PUR

LAGE Lo-Reninge, West-Flandern KOSTEN ca. 35.000 € AUSFÜHRENDE FIRMA Tuinteam BVBA

GARTENANLAGE Der Garten ist von Wiesen umgeben und nur minimal gestaltet. Er bezieht die umgebende Landschaft mit ein, indem der Ausblick unverstellt bleibt. So verschmelzen die angrenzenden Wiesen, Pappeln und die Weite des Himmels zu einem faszinierenden Panorama, das vom Garten aus genossen werden kann. Das Erleben der Weite wird zu einem bestimmenden Teil der Anlage.

Der großen Rasenfläche steht eine weitläufige Terrasse gegenüber, deren eine Hälfte mit Belgischem Blaustein belegt ist. Der an den Schwimmteich angrenzende Teil der Terrasse besteht dagegen aus dem gleichen Holz wie der Weg und die Einfassung des Bassins. Es handelt sich um Ipe, ein Hartholz aus Südamerika.

Steppenartige Pflanzungen mit Gräsern und Katzenminze flankieren den Pool. Dem Haus gegenüber an der äußersten Seite unterstreichen einige Findlinge auf einer Kiesfläche diese Gestaltungsidee. Einer von ihnen, ein imposantes Exemplar, das teilweise in das Becken ragt, setzt einen deutlichen Akzent. Vor dem Hintergrund der weiten Landschaft schrumpft der Fels dennoch auf ein handliches Maß.

SWIMMINGPOOL Mit 15 mal 5 Meter und 1,5 Meter Tiefe ist der Schwimmbereich relativ groß. Es handelt sich um einen Badeteich, der in der Hauptsache auf die Kräfte natürlicher Selbstreinigung setzt und daher ohne Chlor auskommt. Die Klärung des Wassers geschieht in einer extra angelegten Regenerationszone. Hier entziehen die Wurzeln spezieller Pflanzen dem Wasser Nährstoffe. Das ist die Voraussetzung dafür, dass sich keine Algen bilden. Die Wartung wird gegenüber herkömmlichen Pools auf diese Weise minimiert. Eine Betonmauer unterhalb der Wasseroberfläche trennt die beiden Bereiche voneinander. Sie verhindert, dass Erde in den Schwimmbereich gespült wird.

Faszinierend ist die Verbindung von Pool und Haus. Dort, wo die beiden aufeinandertreffen, öffnet eine Glasfront das Gebäude. Es ist ein Wintergarten, der die Wasserfläche optisch durch das Haus hindurch führt. Schaut man aus den Fenstern, kann sich der Blick am Himmel und an den Wolkenformationen weiden, die sich im Pool spiegeln.

AUSFÜHRUNG Die Wände des Bassins sind aus vorgefertigten Betonhohlkörpern aufgebaut. Diese werden in der Baugrube aufeinandergeschichtet und schließlich mit Beton ausgefüllt und so stabilisiert. Auch der Boden wird aus Beton gegossen. Eine Teichfolie aus einer speziellen Kautschuk-Mischung dichtet diese spröde Schale ab. Die Folie bleibt selbst bei niedrigen Temperaturen noch außergewöhnlich flexibel. Durch die schwarze Färbung heizt sich das Becken schnell auf.

Das Folienmaterial, das sich schon seit über 40 Jahren im Schwimmteichbau bewährt hat, besitzt eine lange Lebensdauer. Es nennt sich Ethylen-Propylen-Dien-Monomer (EPDM), ist bis zu 300 % dehnbar und außergewöhnlich stabil gegen UV-Strahlen.

BESONDERHEITEN Die Klärung des Wassers geschieht auf zweierlei Art. Eine Pumpe wälzt das Wasser um und leitet es zu einer Filteranlage. Hier werden Schwebstoffe abgefangen und mit Hilfe von UV-Lampen Algen und Bakterien zerstört. Die biologische Reinigung erfolgt in der Regenerationszone. Es ist ein Art Sumpfbeet, in dem sich die Schwebstoffe des Wassers zwischen den Pflanzenwurzeln ablagern. Dort werden sie von Bakterien zersetzt und die freiwerdenden Nährstoffe werden dann von den Pflanzen aufgenommen.

In zwei Holzkästen an der Poollängsseite sind spezielle Beleuchtungskörper untergebracht.

PRIVATES STADTBAD

LAGE West-Flandern KOSTEN keine Angabe AUSFÜHRENDE FIRMA West-Pool

GARTENANLAGE Der Garten liegt mitten in der Stadt. Er ist in einem Innenhof entstanden. An einer Seite erheben sich die Mauern angrenzender Gebäude. Die anderen Flanken sind durch hohe Flechtwände abgeschirmt, an denen, wie an den Mauern, Wilder Wein emporrankt. Das Wohnhaus liegt erhöht, der Garten ist nur über eine Treppe von der Veranda aus zu erreichen. Ein Teil der Veranda liegt geschützt unter einem nach einer Seite hin offenen Wintergarten. Er ist gemütlich eingerichtet mit Rattanmöbeln, einem altmodischen Metalllüster und einem Holzschrank. Von unten aus dem Garten hat sich eine Weinranke in den Wintergarten hineingemogelt. Sie windet sich um einen Pfosten, ist auf diesem Weg emporgewachsen und hat sich unter dem Glasdach ausgebreitet.

Auch der Garten ist wie ein Zimmer eingerichtet, mit dem Pool im Zentrum. Lang und schmal nimmt er etwa zwei Drittel der Fläche ein. Die eine Längsseite füllen geschnittene Buchsbäume. Sie bilden eine grüne Matte, aus der einige unterschiedlich hohe Buchskugeln herausragen. Auf der anderen Längsseite macht sich eine ähnliche Buchsformation breit. Davor jedoch befindet sich ein breiter Weg mit einer Ausbuchtung, die Platz für einen Liegestuhl und eine Leuchte im Design einer überlebensgroßen Stehlampe lässt.

Hinter dem Pool befindet sich eine Art Wohnzimmer unter freiem Himmel. Sitzpolster erhöhen den Komfort der exquisiten Kunststoffmöbel. Olivenbaum, blühender Hibiskus und Sonnenschirm runden die Atmosphäre zum Wohlfühlen in dieser Sitzecke ab.

SWIMMINGPOOL Das Bassin ist 14 Meter lang und 5 Meter breit. Es liegt teils etwas höher als der gartenähnliche Hof. Der Fußboden des Innenhofs sowie die Flanken und die Kante des Beckens bestehen aus Betonplatten in Natursteinoptik. Spezielle Herstellungstechniken können dem Beton dieses Aussehen verleihen. Dazu werden die Oberflächen mit Gesteinssplitt beschichtet, gebürstet und wassergestrahlt. Der Pool fügt sich so gut in die Gesamtanlage.

AUSFÜHRUNG Der Pool besteht aus wasserfestem Beton. Die Innenseiten sind mit einer grauen Folie beschichtet. Die Reinigung erfolgt über Skimmer. Das Wasser wird also oberflächlich abgesaugt und zur Filteranlage bzw. zur automatischen Chlor- und pH-Wert-Regulierung hin umgewälzt. Anschließend wird es dem Becken wieder zugeführt.

BESONDERHEITEN Der Pool verfügt über einen Luftsprudler im Boden. Die Luftblasen, die unter starkem Druck herausgepresst werden, massieren wie in einem Whirlpool den Körper. Unter der Treppe befindet sich zudem eine Poolabdeckung, die automatisch ausgefahren werden kann.

OFFENE GRENZEN

LAGE Westmalle, nordöstlich von Antwerpen   KOSTEN ca. 100.000 €   AUSFÜHRENDE FIRMA Quality Pool

GARTENANLAGE Der noch junge, 9.400 Quadratmeter große Garten ist als ein Ensemble von offenen Räumen konzipiert. In unserer Vorstellung ist ein Raum eine von vier Wänden umgrenzte Fläche, die durch ein Dach geschlossen wird. Im weiteren Sinne unterscheiden sich Räume jedoch schon durch Stimmungen. Wir verlassen einen Wald und treten auf eine offene Wiese. Unmittelbar ändert sich das räumliche Empfinden. Auch der Schritt von einem harten Terrassenbelag auf den weichen Rasen ist eine spürbare Überschreitung von Grenzen, die mehr oder weniger wahrnehmbar sind. Der Gartenarchitekt Piet Gysel hat hier mit sichtbaren und unsichtbaren Grenzen gearbeitet, die Räume voneinander trennen.

Vor dem Haus stehen große Bäume, die das Grundstück beschatten. Der hintere Garten ist im Gegensatz dazu offen gestaltet. Dennoch ist die Fläche räumlich gegliedert durch Wege, locker geschnittene, niedrige Buchshecken und verschiedene Terrassen mit Natursteinbelägen. Fast wie ein Zimmer ist die Fläche um den Pool herum angelegt. Zum Nachbarn hin steht schnurgerade wie eine grüne Wand eine Eibenhecke. Sie lässt eine rechtwinklige Nische für eine Holzbank frei. Auch oberhalb des Pools bietet sie Raum für ein kleines Blumenbeet neben der Terrasse. Hinter den Eiben erhebt sich eine Pergola, die helfen wird, das Nachbargrundstück in Zukunft weiter auszublenden. Sie bildet das Gerüst für eine Reihe von Spalierobstbäumen. Diese werden die Hausbewohner im Frühjahr mit einem Blütensegen und mit Herbst mit frischem Obst verwöhnen.

SWIMMINGPOOL Es handelt sich hier um einen Innenpool und einen Außenpool, die miteinander verbunden sind. Beide Becken haben die Maße von 7 Meter mal 4 Meter. Dazwischen ist noch mal ein Durchgang von 1 Meter mal 2 Meter. Die Öffnung kann verschlossen werden, sodass im Winter ausschließlich drinnen geschwommen werden kann. Den Pool im Freien umgibt eine Fläche aus Belgischem Blaustein, die der Familie viel Platz gibt, das Leben am Wasser zu genießen.

AUSFÜHRUNG Die Becken bestehen aus wasserfestem Beton. Auf die Wände wurden dann Glasmosaikfliesen aus der „Iridium Collection" der italienischen Firma Sicis aufgebracht. Die Fliesen in verschiedenen Farben entfalten in Verbindung mit Wasser einen magischen Glanz.

Überlaufrinnen nehmen das Wasser auf. Es wird zu einer Anlage mit Sandfilter gepumpt. Der pH-Wert sowie der Chlorgehalt werden automatisch reguliert. Eine UV-Anlage unterstützt die Desinfektion des Wassers.

BESONDERHEITEN Ein Jetstream, der ausdauerndes Schwimmen ermöglicht. Für Innen- und Außenpool gibt es eine Solarabdeckung, die den Pool optimal isoliert und ihm zusätzlich Energie zuführt, wenn die Sonne scheint. Für das kleine Hallenbad sorgt ein Luftentfeuchter für ein angenehmes Klima.

PLANVOLLES MOSAIK

LAGE nahe Kortrijk, West-Flandern KOSTEN 60.000 bis 70.000 € AUSFÜHRENDE FIRMA DRIESAN NV

150 **GARTENANLAGE** Der 1944 gestorbene niederländische Maler Piet Mondrian gilt als Begründer der abstrakten Malerei. Sein einprägsamer Spätstil, der ihn berühmt machte, ist durch rechteckige Farbflächen gekennzeichnet und schwarze Linien, die diese voneinander trennen. Seine Bilder erscheinen daher wie großflächige Mosaike. Sie haben Einfluss gehabt auf Architektur und Design. Die Anlage dieses Gartens scheint nach dem Prinzip eines Mondrian-Bildes komponiert worden zu sein. Sie setzt sich aus sechs Hauptflächen zusammen: drei grünen Rasenstücken, einem türkisblauen Pool, einer Terrasse mit anthrazitfarbenen Granitplatten und einem Holzdeck samt Gartenhaus. Wie bei Mondrian haben die Flächen eine unterschiedliche Größe und Ausrichtung. Ergänzend kommen einige kleine „Mosaiksteine" hinzu: zwei helle Platten im Rasen mit Pflanztöpfen und ein schmales Holzdeck am Ende des Pools, ebenfalls mit Pflanztöpfen. Der helle Streifen, den die Umrandung des Pools vorgibt, wird im Abschluss bzw. in den Stufen der Terrasse wieder aufgenommen und taucht entlang der Holzwand in einem weißen Kiesstreifen nochmals auf. Wohn- und Gartenhaus bilden zusammen mit den Flächen des Gartens ebenfalls eine grafische Einheit.

Die Bepflanzung ist sehr sparsam. In den grauen, eckigen Töpfen wachsen Olivenbäumchen. Die Grundstücksgrenze wird durch einen breiten Gehölzsaum gebildet. Eine Eibenhecke, die den Gehölzsaum einmal grafisch einfassen soll, ist noch sehr jung.

154

SWIMMINGPOOL Der 10,5 mal 4 Meter große und 1,5 Meter tiefe Pool ist von zwei Terrassen aus zu erreichen. Diejenige am Haus liegt einen Teil des Tages im Schatten. Sie dient der Familie zum Sitzen und Essen. Im Schutz des Gartenhauses befindet sich das Sonnendeck, das wie das kleinere Deck am Pool aus tropischem Hartholz besteht. Den Pool umgibt eine breite Steinkante aus hellgrauem Granit.

AUSFÜHRUNG Der Pool ist aus wasserdichtem Beton gegossen. Die Wanne schließt annähernd mit dem Niveau von Terrasse und Holzdeck ab. Die oberste Lage bilden Granitplatten. Der Beton ist mit einem grauen Spezialanstrich versehen. Seine Farbe lässt das Wasser hellblau schimmern. Die Filteranlage und die Dosierung des Wassers mit Chlor erfolgt vollautomatisch mithilfe eines Skimmers.

Eine Wärmepumpe sorgt für angenehme Badetemperaturen. Sie entzieht der Außenluft Wärme und führt diese dem Wasser zu. Je höher die Außentemperaturen, desto geringer ist der Energieeinsatz dieser Technik.

BESONDERHEITEN Das zusätzliche Holzdeck mit den Pflanzkübeln an der äußersten Schmalseite des Pools.

ERHÖHTES BADEVERGNÜGEN

LAGE Flandern   KOSTEN keine Angabe   AUSFÜHRENDE FIRMA Hugelier

GARTENANLAGE Der Pool ist in ein massives Betonfundament eingelassen, das an die Terrasse anschließt. Sie befindet sich auf gleichem Niveau mit dem Haus. Da das Grundstück leicht abfällt, liegt der Garten rund einen Meter tiefer. Die Betonkante wird durch einen niedrigen Bewuchs aus Immergrüner Strauch-Heckenkirsche (*Lonicera nitida*) kaschiert. Von der Terrasse aus, ebenso wie beim Schwimmen im Pool, überblickt man den Garten und genießt zudem die Aussicht auf die angrenzenden Wiesen.

Unterhalb des Pools wurde ein steppenartiges Beet mit Gräsern, Heidekraut und trockenheitsliebenden Stauden angelegt. Der knapp 2.000 Quadratmeter große Garten wird von einer abwechslungsreichen Bepflanzung aus verschiedenen Sträucher und Stauden locker begrenzt. Die dahinterliegenden Wiesen bleiben sichtbar. Eine Rasenfläche verbindet die einzelnen Gartenteile miteinander.

SWIMMINGPOOL Der Pool mit seinen 10 mal 4 Metern thront erhaben über dem Garten. Ihn umgibt eine etwa 2 Meter breite Kante aus Belgischem Blaustein. Mit dem Haus verbindet ihn ein Deck aus tropischem Hartholz, das ausreichend Platz für Tische, Stühle und einige Kübelpflanzen bietet.

AUSFÜHRUNG Die Wände des Bassins bestehen aus einem wasserfesten Spezialbeton, der mit dunkelgrauen Mosaikfliesen verkleidet wurde. Der Rinnenpool ist mit einer Holzkante versehen, hinter der die Rinnensteine eingesenkt sind. Das Wasser wird von diesen aufgenommen, umgewälzt und gereinigt.

BESONDERHEITEN Eine Außendusche und eine Gegenstromschwimmanlage, von der man sich gleichzeitig massieren lassen kann.

FEINES LINIENSPIEL

LAGE bei Brügge   KOSTEN zwischen 60.000 und 70.000 €   AUSFÜHRENDER ARCHITEKT DRIESAN NV

GARTENANLAGE Die Villa gibt die stilistische Richtung vor. An ihr orientieren sich die Formen des Gartens. So dominieren gerade Linien und rechte Winkel. Die zwei Eibenhecken am Haus sind kastenförmig geschnitten, ebenso wie die hohe Buchenhecke, die den Swimmingpool an einer Seite begrenzt und darüber hinaus auch das Grundstück umschließt. Die Gestaltung setzt auf großzügige Räumlichkeit. Die Rasenfläche wird nur noch durch zwei Reihen mit Persischen Eichen (*Quercus macranthera*) gegliedert. Sie bilden ein Raster, das für einige schattige Plätze sorgt. Allein ein Gräserbeet im Übergang zum Pool bringt im Hochsommer und Herbst, wenn die Gräser eine gewisse Höhe erreicht haben, etwas Bewegung in das grafische Bild der Anlage. Eine geräumige Terrasse verbindet die Villa mit dem Schwimmbereich.

Die hellbraune Holzfront der Garage harmoniert gut mit dem Grün des Rasens. Das sorgt für eine warme Note in dieser Gestaltung, in der sonst Weiß und Grün vorherrschen.

Die Handschrift des belgischen Gartenarchitekten Olivier Standaert hat diese Anlage geprägt. Seine Entwürfe treten gerne in einen Dialog mit der zeitgenössischen Architektur der Gebäude, denen er etwa, wie in diesem Beispiel, ein nüchternes, reduziertes Linienspiel und kubische Formen entgegensetzt.

SWIMMINGPOOL Die Größe des Pools beträgt 10 mal 3,60 Meter bei einer Tiefe von 1,5 bzw. 2 Meter. Er ist am Rande des Gartens zwischen Haus, hoher Buchenhecke und Garage an einem geschützten Ort platziert. Die Gartenfläche wird durch ihn nicht unterbrochen. Ein Zusammenhalt wird durch die große Terrasse aus Belgischem Blaustein geschaffen. Sie bietet am Haus viel Raum und nimmt

auch die gesamte Fläche um den Pool herum ein. Hiermit wurde eine gute, konsequente Entscheidung getroffen, die die Großzügigkeit der Anlage unterstreicht. Zu einer gewissen Extravaganz trägt der schwarze Spezialanstrich der Poolinnenseite bei. Das Wasser lockt nicht mit klaren Blautönen, sondern es strahlt etwas magisch Dunkles aus.

AUSFÜHRUNG Die Wände des Bassins bestehen aus wasserdichtem Beton, der mit einem schwarzen Spezialanstrich versehen wurde. Die Reinigung des Wassers mittels Filter und Chlor erfolgt vollautomatisch über einen Skimmer. Eine Wärmepumpe sorgt für angenehme Badetemperaturen. Sie entzieht der Außenluft Wärme und führt diese dem Wasser zu. Je höher die Außentemperaturen, desto geringer ist der Energieeinsatz dieser Technik. Generell ist der Einsatz einer Wärmepumpe unter energetischen Gesichtspunkten sehr effizient.

BESONDERHEITEN Die Außendusche, die an der Hauswand befestigt ist. Eine graue Poolabdeckung, die sich automatisch über den Pool rollen lässt.

EIN STARKER PARTNER ZUR SEITE

LAGE West-Flandern KOSTEN keine Angabe AUSFÜHRENDE FIRMA West-Pool

GARTENANLAGE Wie ein Monolith begrenzt eine hohe Natursteinmauer aus länglichen Basaltquadern das Grundstück. Es ist ein beachtliches Bauwerk und für den gesamten Garten ein Highlight. Die Oberfläche der Mauer ist uneben, sodass die Assoziation einer natürlichen Felswand entstehen kann. Ihr Anthrazitgrau harmoniert perfekt mit dem Rasengrün und dem azurblauen Wasser des Pools. Die Besonderheit besteht darin, dass die Mauer unmittelbar in den Pool hineinschneidet. Der Badende bekommt so das Gefühl, er würde in einer Felsgrotte schwimmen.

SWIMMINGPOOL Das Becken misst 10 Meter mal 4 Meter und es ist 1,5 Meter tief. Es wird an der einen Seite durch eine mächtige, anthrazitfarbene Basaltmauer begrenzt, die wie eine Felswand erscheint. Darüber hinaus ist es von hellgrauen Granitplatten umgeben, die sich auch zu einer großen Terrasse erweitern. Hier ist Platz für Liegestühle, eine Sitzgarnitur und einen Grill.

AUSFÜHRUNG Das Becken wurde aus Spezialbeton gegossen und dann mit grauen Mosaikfliesen, die das Wasser hellblau schimmern lassen, perfekt ausgekleidet. Es handelt sich um einen Rinnenpool. Die Granitplatten der Terrasse reichen unmittelbar an den Pool. Die letzte Reihe ist schon Teil des Beckens, denn sie wird von Wasser überspült. Eine breite Fuge nimmt das Wasser auf. Die darunterliegenden Rinnensteine führen es dann zur automatischen Aufbereitung und Filterung.

BESONDERHEITEN In der Wand befindet sich eine Poolabdeckung. Sie schützt das Wasser vor Verschmutzung und Wärmeverlusten.

EINBLICK IN DIE TIEFE

LAGE Vorort von Amsterdam KOSTEN ca. 50.000 € AUSFÜHRENDER ARCHITEKT Arjen Hoogeveen

GARTENANLAGE Haus und Pool sind aus einem Guss. Das ist kein Wunder, denn sie wurden vom Architekten Arjen Hoogeveen für sich und seine Familie als Einheit geplant. Der Pool nimmt die halbe Breite der kubisch geformten Villa ein. Die andere Hälfte des Gebäudes ist fast komplett verglast. Optisch entsteht so eine Analogie zu der spiegelnden Wasserfläche. Die Farben von Haus und Pool beschränken sich auf Grau und Weiß. Dem steht das satte Grün des Gartens gegenüber. Hohe Bäume begrenzen das 3.000 Quadratmeter große Grundstück, das überwiegend von einer Rasenfläche ausgefüllt wird. Nahe dem Gehölzgürtel finden sich geschützte Nischen, an denen man in einer Hängematte entspannen kann.

Den Mittelpunkt des Gartens bildet ein Platz mit großer Tafel für mindestens zehn Personen, der wie eine mediterrane Piazza gestaltet ist: Acht schirmförmig geschnittene Platanen geben der nur aus einem wassergebundenem Splittbelag bestehenden Fläche lichten Schatten. Geschnittener Buchs als Hecke und in schmalen, hohen Kübeln markiert die Grenze. Der Platz ist von der Terrasse aus über eine Treppe und große, in den Rasen eingelassene Granitplatten zu erreichen.

SWIMMINGPOOL Der Pool mit einer Größe von 4 mal 10 Metern liegt auf dem gleichen Niveau wie Haus und Terrasse und damit etwa einen Meter höher als der Rest des Gartens. Das schuf die Voraussetzung für eine kecke Idee: ein Fenster in der Poolwand. Es ermöglicht Ein- und Ausblicke in den Garten und in die Welt unter Wasser.

Eine lange, weiß verputzte Wand in der Flucht des Hauses beschirmt den Pool nach einer Seite hin und strahlt nach einem Sonnentag abends reichlich Wärme ab. Es entsteht eine Atmosphäre wie in einem Atrium. Die anthrazitfarbenen Granitplatten um den Pool herum tragen ihren Teil zu der positiven Energiebilanz bei. Die stimmige Gestaltung wird durch graue Terrassen-Flechtmöbel und gleichfarbige Polster unterstrichen. Schön passen auch die zwei Olivenbäume in den Kübeln dazu. Sie heben die leicht mediterrane Note der gesamten Anlage hervor.

AUSFÜHRUNG Das Becken wurde aus einem Spezial-Beton gegossen und mit einer dunklen Folie beschichtet. Es ist ein Skimmerpool, dessen gesamte Technik wie Pumpen und Filteranlage in einem separaten Raum im Haus untergebracht ist.

BESONDERHEITEN Das in die Poolwand integrierte Fenster, das den Ausblick in den Garten ermöglicht und durch das die Schwimmenden beobachtet werden können. Seitlich des Pools befindet sich auf der Terrasse unterhalb der weißen Mauer ein Whirlpool für zwei Personen.

VORBILD LUXUSLINER

LAGE West-Flandern   KOSTEN keine Angabe   AUSFÜHRENDE FIRMA West-Pool

GARTENANLAGE Wie das Sonnendeck eines modernen Luxusliners erscheint diese Terrasse samt Pool. Die Villa erstrahlt in Weiß wie eine ibizenkische Finca. In den großen Scheiben, die das Gebäude mit Licht durchfluten, spiegelt sich das Blau des Pools. Wer sich hier aufhält, wird von Luft, Licht und Sonne verwöhnt. Sollte sich dann das Bedürfnis nach einem erfrischenden Bad einstellen – kein Problem.

Die Assoziation an ein Schiffsdeck entsteht auch, weil der Gebäudekomplex samt Pool eine vollkommene Einheit darstellt. Alles ruht auf einem großen Fundament, gegen das die Natur des Gartens anbrandet. Da diese eher zahm anmutet, befindet man sich hier also in ruhigen Gewässern. Denn die Gestaltung beschränkt sich weitestgehend auf Rasenflächen.

Eine Öffnung im hinteren Gebäudeflügel bietet einen großzügigen Sitzplatz für zwölf Personen. Dahinter erstreckt sich der weitläufige Garten, den nur einige Bäume gliedern und Zäune begrenzen. Somit verschmilzt er immerhin optisch mit einem Teil der Landschaft. Im Zentrum des Gartens erhebt sich zudem noch eine begehbare Skulptur aus senkrechten, schmalen Edelstahlplatten, die kreisförmig angeordnet sind. Die Besitzer haben ein Faible für Kunstobjekte. So versteht man, dass der Garten dafür nur als Kulisse dienen soll.

An der offenen Flanke des Gebäudekomplexes verdeckt eine hohe Hecke aus Leyland-Zypressen (*Cupressocyparis leylandii*) das angrenzende Haus des Nachbarn. Vor dem satten Grün ihrer Nadeln zeigt sich eine weitere Skulptur, die sich von der Hecke im Hintergrund kontrastreich abhebt. Diese stellt überlebensgroß eine weibliche Figur in einer akrobatischen Verrenkung dar.

190

SWIMMINGPOOL Der Pool in den Maßen 10,50 Meter mal 4,50 Meter beginnt unmittelbar vor der Fensterfront. Er erstreckt sich zwischen den Gebäudeteilen und wird von einer geräumigen Terrasse aus einem hellen, geschliffenen französischen Sandstein („Franse witsteen") umgeben, die mit edlen Möbeln ausgestattet ist. Die Möblierung ist genau auf die Architektur abgestimmt. So haben einige Bänke eine ähnliche Form wie die Gebäudespanne, die den Freisitz überspannt.

AUSFÜHRUNG Der Pool ist in das Fundament eingelassen. Seine Wände bestehen aus wasserfestem Beton, der noch einmal mit einer Folie versehen wurde. Es handelt sich um eine Anlage mit Überlaufrinne. Die Wasserfläche befindet sich also auf dem Niveau der Terrasse und erscheint daher fast wie ein großes Fenster. Optisch ergibt sich so eine Analogie zu den Fenstern der Villa. Die Filterung und Desinfektion des Wassers geschieht vollautomatisch.

BESONDERHEITEN Eine Poolabdeckung, die das Becken auf Knopfdruck zudeckt und so vor Verschmutzung und Wärmeverlusten schützt.

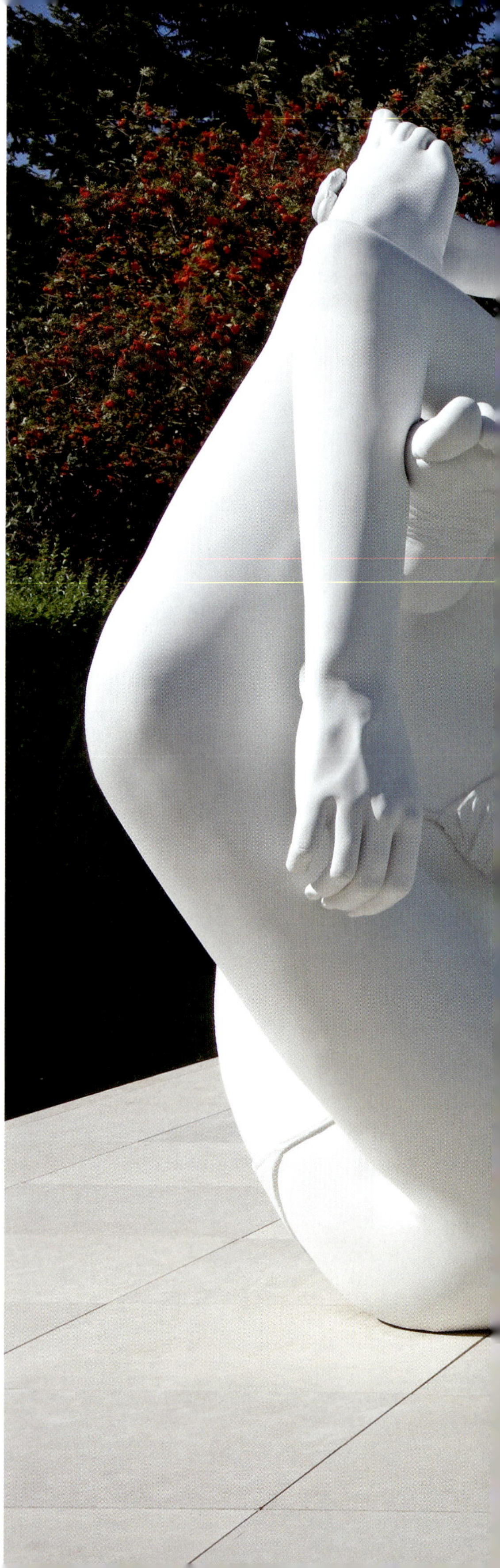

DAS KLEINE EINMALEINS DER SCHWIMMBADTECHNIK

Beckenhydraulik Mit diesem Begriff bezeichnen Schwimmbadbauer die Notwendigkeit, dass das gesamte Wasser im Becken permanent umgewälzt wird. Es wird an einer oder mehreren Stellen abgesaugt. Dann wird es gefiltert, desinfiziert, mit den nötigen Zusätzen versehen und schließlich wieder ins Becken zurückgeleitet. Nur dieses stetige Durchströmen kann die Hygiene des Badewassers gewährleisten. Daher ist schon bei der Planung genau darauf zu achten, dass Wassereinlauf und Wasserabfluss so angeordnet sind, dass eine gleichmäßige Durchströmung stattfindet. Es dürfen keine sogenannten toten Zonen entstehen, in denen möglicherweise belastetes Wasser zurückbleibt oder die Durchmischung mit Desinfektionsmitteln wie Chlor nur unzureichend erfolgt.

Zwei unterschiedliche Verfahren sind möglich, um das Wasser umzuwälzen:

1. Bei der **Oberflächenabsaugung** kommen sogenannte **Skimmer** zum Einsatz. Sie sind mit beweglichen Klappen ausgestattet, die sich an die Höhe des Wasserspiegels anpasst. Die Klappe bricht die Oberflächenspannung und sorgt dafür, dass nur die oberste Wasserschicht abgesaugt wird. Bei vier Meter breiten Becken reicht in der Regel ein Skimmer. Jedem Skimmer wird ein Bodenablauf zugeordnet, der ebenfalls an die Saugleitungen angeschlossen ist. Er sorgt für das Umwälzen der tieferen Wasserschichten. Über den Bodenablauf kann das Becken auch entleert werden.

Da unterhalb des Beckenrands Platz für die Skimmerklappe(n) sein muss, kann der Pool nie randvoll mit Wasser gefüllt sein.

196 Horizontale **Einströmdüsen** führen das Wasser wieder dem Becken zu. Bei Wassertiefen von mehr als einem Meter sollen diese auf zwei Ebenen angeordnet sein.

2. Die **Überlaufrinne** ist das elegantere, aber auch kostenaufwendigere Verfahren. Das Becken ist randvoll. Permanent fließt Wasser in Überflutungsrinnen ab, die meist um den gesamten Pool herum im Boden eingelassen sind. Auch das beim Baden verdrängte Wasser sowie überschwappende Wellen fließen in diese Rinnen und werden dem sogenannten **Überlaufsammelbehälter** zugeführt. Sein Volumen sollte etwa 5 % des Schwimmbeckeninhalts betragen. Aus diesem Behälter wird das Wasser zur Filteranlage gepumpt und anschließend weiter aufbereitet. Das Zurückströmen des Wassers erfolgt hier meist durch Düsen im Beckenboden.

Die Vorteile des Überlaufsystems: Die Wasseroberfläche wird optimal gereinigt. Der hochgezogene Wasserspiegel sieht schön aus und ermöglicht dem Schwimmenden den Ausblick aus dem Becken.

Filtration Das Grundprinzip hat man der Natur abgeschaut. Demnach wird das Wasser durch sehr feine Kapillarschichten gedrückt, die die Schwebstoffe zurückhalten. Man sagt, sie werden mechanisch herausgefiltert. Im Schwimmbadbau kommen Filtersysteme zum Einsatz mit einem meist mehrschichtigen Aufbau. Diese können aus Quarzsand unterschiedlicher Körnung bestehen oder auch durch eine zusätzliche Schicht mit z. B. Anthrazitkohle eine noch höhere Schmutzaufnahme und bessere Spüleigenschaft gewährleisten.

Hochwertige Filteranlagen reinigen sich selbst. Sie werden gespült, indem Wasser von unten durch das Filtermaterial gedrückt wird. Der Schmutz wird dann über einen speziellen Kanal abgeführt. Kartuschenfilter, die in kleinen Becken und Whirlpools zum Einsatz kommen, können sich nicht selbst reinigen. Sie müssen ausgewaschen oder ausgetauscht werden.

Wasserpflege Die Filteranlage reinigt das Wasser mechanisch, indem sie Schwebstoffe filtriert. Damit ist jedoch noch nicht genug für die Hygiene getan. Das Wasser braucht auch chemische Zusätze, um Mikroorganismen und Viren beseitigen zu können. Das versteht man unter Wasserpflege. Voraussetzung für eine erfolgreiche Desinfektion des Wassers ist der **pH-Wert.** Bei einem Wert zwischen 7,0 und 7,4 wirken die gängigen Mittel optimal. pH-Werte unter 6 greifen alle im Bad verarbeiteten Metalle an und machen Mörtelfugen mürbe. Hohe Werte über 8 gefährden den Säuremantel der Haut. Deshalb muss dieser Wert ständig kontrolliert werden.

Das **Desinfektionsmittel** muss gegen Viren, Algen und Pilzsporen gleichermaßen wirken. Nach wie vor ist **Chlor** wegen seiner hohen Wirksamkeit das Mittel der Wahl. Nur gebundenes Chlor riecht unangenehm. Es entsteht erst dann, wenn Chlormoleküle sich zum Beispiel mit Bakterien verbinden, um diese unschädlich zu machen. Dieser Prozess kann schon in Gang kommen, wenn Gras ins Wasser fällt. Der typische Chlorgeruch aus öffentlichen Bädern entsteht also nicht aufgrund hoher Chlorgehalte, sondern weil das Wasser durch viele Badegäste belastet wird. Der Chlorgehalt privater Pools ist gewöhnlich niedriger als der in Badeanstalten. Der Idealwert wird mit 0,3 mg/Liter angegeben. Vor

198 allem die vorbeugende Wirkung zeichnet das Chlor aus. Es liegt im Badewasser als Depot vor und kann unmittelbar auf Verunreinigungen reagieren.

Eine Desinfektion durch **UV-Strahler** zerstört auch alle Keime und Algen – allerdings erst, wenn sich diese schon im Wasser vermehrt haben und wenn das belastete Wasser schließlich durch die UV-Anlage gepumpt wird. Das kann je nach Umwälzgeschwindigkeit einige Stunden dauern. Da die desinfizierende Wirkung auf die Bestrahlungskammer des Gerätes beschränkt ist, liegt im Becken selbst keine Depotwirkung vor. Daher ist zusätzlich ein Wirkstoff wie Chlor, Brom oder Aktivsauerstoff nötig.

Brom bietet zu Chlor eine gute Alternative, die zudem geruchsfrei ist. Der Wirkstoff ist in fester Form verfügbar und kann mittels automatisch angesteuerter Einziehschleusen dosiert werden.

Aktivsauerstoff verflüchtigt sich schnell. Deshalb braucht dieses Mittel einen Stabilisator sowie einen zusätzlichen Wirkstoff gegen Algen. Sinnvoll ist es in der Kombination mit UV-Strahlern. **Ozon** tötet Keime zwar auch absolut zuverlässig. Doch erfordert dieses Mittel eine aufwendige Technik.

Eine Trübung des Wassers durch gelöste Verunreinigungen, die z. B. von Fetten, Ölen und Kosmetika herrühren können, wird durch Zugabe eines **Flockungsmittels** beseitigt. Die klitzekleinen Partikel werden zu größeren Einheiten gebunden und können so vom Filter zurückgehalten werden.

Am bequemsten sind automatische Dosiersysteme, um die Wasserchemie richtig einzustellen. Eine Regelanlage misst den pH-Wert und den Chlorgehalt. Letzterer wird in den meisten Fällen als so genannter Redox-Wert angeben. Schließlich werden die Informationen an Dosierpumpen weitergeleitet. Diese fügen gegebenenfalls die nötigen Mittel zu und sorgen so immer für optimale Wasserverhältnisse.

Beckentypen und Abdeckungen Abhängig vom Aufbau der Becken vor Ort werden zwei Typen unterschieden.

Zu den **Fertigbecken** zählen vor allem solche aus glasfaserverstärkten Kunststoffen (GFK) und aus Edelstahl. Sie sind vorgefertigt und werden vor Ort lediglich auf eine ebene Bodenplatte gesetzt. **Betonbecken und gemauerte Becken** entstehen dagegen erst vor Ort. Unhabhängig vom Finish wird in der Regel wasserundurchlässiger Beton verwendet. Das empfiehlt sich auch dann, wenn das Becken anschließend noch mit Folie oder Fliesen ausgekleidet wird. Ein Spezialanstrich ist dagegen in der Lage, den Beton abzudichten, wenn dieser nicht wasserfest ist.

Eine **Abdeckung** ist vor allem für Freibäder unabdingbar. In dreierlei Hinsicht ist sie nützlich. Sie minimiert Wärme- und Feuchtigkeitsverluste. Spezielle Solarabdeckungen können dem Wasser sogar Energie zuführen. Der Schmutzeintrag wird verhindert und Unfällen wird vorgebeugt. Die Abdeckungen sollten jedoch fest mit dem Beckenrand verbunden oder zumindest sehr tragfähig sein. Anderenfalls können vor allem Kinder, die auf die Abdeckung fallen, seitlich ins Wasser rollen und unter die Folie geraten.

Heizsysteme Die Erwärmung des Pools erfolgt über **Warmwasser-Wärmetauscher.** Diese erhalten die Energie vom warmen Wasser der Gebäudeheizung (Primärkreis) und geben sie dann an das Schwimmbadwasser (Sekundärkreis) weiter. Ein Steuermodul leitet diesen Vorgang immer dann wieder ein, wenn die gewünschte Temperatur im Pool unterschritten wird. Als zusätzliche Energiequelle ist die Sonne nützlich. Im Sommer kann das Wasser allein durch **Solarenergie** erwärmt werden. Ob Solarabsorber oder Solarkollektoren angebracht sind, muss von Fall zu Fall entschieden werden. Hierfür empfiehlt es sich, den Rat einer Fachfirma einzuholen. Auch eine **Wärmepumpe** kann dazu dienen, den Pool zu beheizen.

Belebende Elemente Bei den Schwimmbadbauern werden die belebenden Elemente wie Gegenstromschwimmanlage, Massagedüsen, Schwall- und Nackenduschen sowie Luftsprudler „Attraktionen" genannt. Sie benötigen eine extra Pumpe bzw. ein Gebläse.

Gegenstromschwimmanlage oder Jetstream sind unumgänglich, wenn man in kleinen Becken schwimmen möchte. Eine Pumpe saugt das Wasser direkt aus dem Becken und presst es unter hohem Druck über ein oder zwei Düsen zurück. Gegen den daraus entstehenden Schwall schwimmt man an, bewegt sich dabei aber nicht von der Stelle. Die Anlage sollte regulierbar sein, um die Wirkung des Wasserstrahls verändern zu können. Wird viel Luft beigemischt, entsteht zum Beispiel ein weicher Strahl, der auch für eine punktuelle Massage angenehm ist.

Reine **Massagedüsen** sind nötig, wenn man sich vom Wasser rundum sanft massieren lassen möchte. Sie werden im Becken individuell angeordnet. Auch Schwall- und Nackenduschen entfalten eine Massagewirkung. Diese wie ein Schwanenhals geformten Duschen sind meist am Beckenrand montiert. Sie bereichern das Badevergnügen auch durch ihr Plätschern.

Luftsprudler sind im Boden, einer Sitz- oder Liegemulde eingebaut. Ein Gebläse drückt Luft durch eine Vielzahl von Öffnungen, sodass daraus ganz viele Luftblasen aufsteigen. Diese wirken auf den Körper belebend und leicht massierend.

Unterwasserscheinwerfer sind ein Muss für jedes Schwimmbecken. Sie sorgen in der Dunkelheit für eine stimmungsvolle Atmosphäre. Als Lichtquellen stehen Halogenleuchtmittel, LED-Technik und PAR-Glühlampen zur Verfügung. Mit allen können auch farbige Effekte erzielt werden.

Whirlpool Diese kleinen Pools sind reine Wellness-Becken. Im Boden und in den Sitzschalen sind viele Düsen angeordnet, die Luft unter hohem Druck ins Wasser blasen. Die aufsteigenden Blasen wirken wie eine sanfte Massage. Häufig können auch zielgerichtete Wasserstrahlen einzelne Körperregionen massieren. **Jacuzzi** ist ein anderer Name für Whirlpool. Er stammt von Roy Jacuzzi, der seine Massagewanne 1968 in den USA entwickelte.

AUSFÜHRENDE FIRMEN

AUSFÜHRENDE FIRMEN

In Belgien und den Niederlanden

Azurpools T 00 32 9/2 28 29 36 | www.azurpools.be
Cota Zwembaden T 00 31 1 17/44 05 95 | www.cotazwembaden.nl
DRIESAN NV T 00 32 51/33 29 00 | www.driesan.be
Arjen Hoogeveen T 00 31 20/6 43 48 48 | www.architectenbureau-hoogeveen.nl
Tuinteam BVBA T 00 32 58/28 70 28 | www.tuinteam.be
Climaworld BVBA T 00 32 50/62 84 87 | www.climaworld.be
Rotrix Zwembaden BVBA T 00 32 33 14/85 18 | www.rotrix-zwembaden.be
West-Pool T 00 32 51/48 68 17 | www.westpool.be
Hugelier T 00 32 56/41 98 22 | www.hugelier.be
Inducon niederländische Spezialfirma für Schwimmbadabdeckungen und bewegliche Böden | T 00 31 5 93/33 21 81 | www.inducon.nl
Philippe de Wilde T 00 32 9/3 44 21 86 | www.baindunord.be
Quality Pool T 00 32 4 94/19 00 00 | www.qualitypool.be

Poolhouse ist nicht mehr im Schwimmbadbau tätig.

AUSFÜHRENDE FIRMEN

In Deutschland

Schwimmbadbau Firmen nach Regionen geordnet finden Sie unter der Website des Bundesverbandes Schwimmbad und Wellness e. V. | www.bsw-web.de

Schwimmbadtechnik Grünbeck | www.gruenbeck.de

Spezialist für Schwimmbäder und Wellnessanlagen – Planung, Realisierung und Wartung:

SSF SCHWIMMBAD GMBH Meerbusch | T 0 21 59/40 97 | www.ssf-gmbh.de

INDEX

INDEX

INDEX

DANKSAGUNG

Ich danke den belgischen und niederländischen Firmen, die mich mit den nötigen Informationen zu den von ihnen gebauten Pools unterstützt haben.

Vor allem gilt mein Dank Thomas Ahlbeck von der Firma Grünbeck, der mich umfassend in die Schwimmbadtechnik eingeführt hat.

Auch Johanna Hänichen möchte ich für das wundervolle Layout meinen Dank sagen und dem Verlag, der dieses spannende, monothematische Werk möglich gemacht hat.

MICHAEL BRECKWOLDT

IMPRESSUM

Der Autor, die Fotografin und der Verlag danken allen Gartenbesitzern, Gartendesignern und Landschaftsarchitekten, die durch ihre freundliche Mithilfe und Unterstützung zum Gelingen dieses Buches beigetragen haben.
Für die unermüdlichen Bemühungen um die außerordentliche Qualität dieses Buches danken wir unseren Mitarbeitern Johanna Hänichen, Vanessa Peters, Justyna Krzyzanowska, Claudia Wester und Claudia Wilke.

Originalausgabe Becker Joest Volk Verlag

1. September 2010

ISBN 978-3-938100-61-5

Autor Michael Breckwoldt
Fotos Hilde Verbeke
Typografische Gestaltung, Layout nach der Konzeption von
Justyna Krzyzanowska
Layout, Satz, Bildbearbeitung, Lithografie, Lektorat
Makro Chroma Joest & Volk OHG, Werbeagentur, Hilden
Druck Grafiche Flaminia, Foligno, Italien

Hilden, den 30.07.2010